노래의 부름

시인 엄시훈

애플북

차례

첫 번째 이야기: 소녀의 소

- 06   데뷔
- 07   우유의 향기
- 09   치킨의 십자가
- 10   바나나
- 11   수녀와 구미호
- 13   공무원 벤츠
- 14   노랭이
- 15   반려견의 비애
- 16   스카이다이버의 휴식
- 18   벚나무 벚꽃(Haiku)
- 19   참새의 비행
- 20   1+0의 비밀
- 22   마다그래
- 23   허구
- 24   개미
- 25   소고기 액정
- 26   여명의 무지개

두 번째 이야기: 여자의 소

- 28 바위 위에 소나무
- 30 시골은 그렇더라
- 31 아버지
- 32 모양이 없다
- 33 겨울바람
- 34 불면증
- 36 사람 냄새
- 37 흰 개꼬리
- 39 해무
- 40 미소
- 41 날개
- 42 데이터 과학자
- 43 비둘기 사냥
- 45 빛
- 46 조각의 손길
- 48 창공의 그림자
- 49 편지

세 번째 이야기: 노래의 부름

- 52 여름의 향기
- 54 멜로디의 꿈
- 56 민들레 영토
- 57 바람꽃
- 59 유랑자
- 60 이별의 편지
- 61 님 그림자
- 62 스나이퍼
- 63 스카이어
- 65 나침반
- 67 잊어버린 과거
- 69 나트륨
- 71 칼
- 73 피쉬리버캐니언
- 75 새벽 노을
- 76 도로의 점령자
- 77 바의 숨소리

첫 번째 이야기

소녀의 소

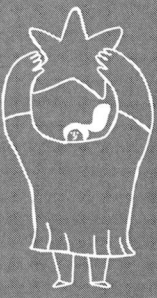

데뷔

잃어버린 영단어
낭만에 눈물짓던 시절
묻혀버린 유럽

무의식에 떠다니는 비행기를 타고
의자에 앉아 마신 위스키와
화장실을 기웃거린
12시간의 어둠에서

아름히 젓은 내 옷깃은
여름을 지나고 있었다

흘러가는 북두칠성
세상에 더뎌지는 사랑과
떠나버린 여인

나에게도 스피커는 없었고
기타를 치며 그리움을 달래며
타바코를 피워대고
180초의 시간에서

느리게 또한 내 데뷔는
천천히 계절을 맞이한다.

우유의 향기

아침 일찍
가벼운 설레임의 우유 한잔
바쁘게 돌아가는 일상 속에서
하루의 시작

상쾌함은 언제나
나의 일상을 깨우는 향기
너의 향기는
내 가슴에 가득 퍼진다

매일 아침
무거운 발걸음도 옮겨 가고
그립게 새겨지는 평화 안에서
하루의 고뇌

지겨움은 언제나
너의 아픔을 지우는 향기
나의 향기는
그 마음에 가득 퍼진다

사람들과 대화를 나누며
인간들과 다툼을 나누며
향기의 진한 향기

너는 그 향기에 다시 향기
세상의 향기는 순간
코에 흐르는
향기의 우유

치킨의 십자가

문자가 오랭이 조랭이
카톡보다 문자가

문을 열고
비닐 봉투의 치킨 세트
들어 올리고
문자는 너덜너덜

깍두기 무 부어
소스는 담고

달콤 매콤 맨살 치킨
요리 조리 살펴 보고

어찌하여 이곳에 십자가를 그렸는가

조각 조각 난 조각품
만져 보고 씹어 보고

십자가의 고백은
양계장의 주렁 주렁

나는 십자가의 모습을 보며
엄마의 회 치는 소리가 응금을 울린다

바나나

부드러운 깃털의 흔들림,
가볍게 떨어지는 감촉
머릿속에 솟아나고.

그 속엔 해변의 자갈처럼
살기로움이 흘러 흘러
모든 날의 간절함이 있고

한 가닥 얇은 껍질,
그 안엔 달콤함이

다른 한 가닥에는 뼈대,
그 위엔 힘찬 파도처럼 줄기가 흘러.
살기로움과 간절함으로

껍질이 흘러내리고
만나는 곳에서,
마음껏 벗겨지네

수녀와 구미호

너에게 나는 의미
나는 너에게 뜻
사생결단으로 가자.

언제, 무엇, 어떻게
관점의 차이
초지일관으로 가자.

세상은 전쟁터
그 터에는 나의 고향이 잇으련
가마에 눌러 앉아
기다려 보면 승천이다.

온 세상은 아름답다
그것은 999년의 세월
나에게 온 것이다.
가만히 기다려 보면
승천~~!!!

오늘은 길지 않은 시간
나도 오늘이 무엇인지
가마니의 쌀처럼
쌀을 뱉어 내야

승천~~!!

하루에 한번은
말을 토해 내어
짧은 999년의 세월

조금씩 조금
승천 후에
도전하는 수녀
너는 구미호도 아니고
수녀도 되고

사람들은
온다.
월병을 받으러 온다.

공무원 벤츠

산등성에 하나씩
뾰족뾰족 솟아 오르는 년들
꺾어서 무쳐 보니,
그 맛이 쓰구나

입 바른 소리만
늘어 놓는 그 년의 말은
허구헌날 노처녀 이야기
세상 만사 다 뜻대로 되지 않는데,
뭘 그리 재미 없는고

마디마디 굴곡은
누구도 벗어 날 수 없는 것임을
척추의 디스크도 오고
참 바보 같구나

생긴 건 그렇게 못 생기고
말하는 건 어찌 그리 못 생겼는지
하루 이틀 그 지겨운 소리에
귀가 마를 날이 없네

입과 귀가
못난 것도
유전인지 모르겠으나
세월에 그 자리를 모면하고 산다네

노랭이

누군가 문을 열고
찰그랑 덜컥
간수가 아래를 본다
방은 빵이다

줄을 서 있는
문마다의 행렬
간수가 옆으로 간다
콩은 꽁이다

반도의 기운을 받은
호랭이가 살 던 마을에는
개구리와 미꾸라지가 함께 살고
노랭이가 살 던 마을에는
담배와 술이 있었다.

배고픈 허기를 달래지만
살아 온 인생이 그리도 적으리
세상은 주고픈 마음을 여기지만
무덤덤한 마을의 여정이구나
삶도 꿈도 어디에도 없다

노란 물 한잔
그리운 마을은
오로지 옆에서 지켜주는 새색시

반려견의 비애

우리가 우리에 있다면
우리는 우리를 싫다면
우리에 우수리를 넣는다

가끔 반려견은 필요하다
우리의 배려
자신을 위한 에티켓

슬프다
버려진 길고양이
먹이를 찾아 헤매는 하이에나

길을 떠나
체코의 초원위에도
스라소니들이 살고

마지막 너의 배려
배반의 소름
반려동물들

혼자 살지 못 하는
반려견의 눈물
우리안에는 유기견 신세
주어진 먹이 없이
허기진 반려견의
눈에 비애

스카이다이버의 휴식

아드레날린의 분비
너무 많은 뇌의 진화
그들은 아직도 배우고 있다
누구라서가 아니라
모르는 자의 고통이기 때문에

떨어지는 가속도의 신비
9.8에 멀어지는 창공
그들은 아직도 느끼고 있다
영욕이라서가 아니라
죄의 천국을 다녔기 때문에

다가오는 바람의 영비
정말 어려운 시공간
그 속을 지나는 바람의 노래
이제는 잊으려 하지만
팩트는 그것일 뿐이다

스카이는 그렇게 다가온다
차분하다고 할까
아님 조용하다고 할까
아니면 고요하다고 할까

디테일은 거기서 시작했다.
창공에서 휴식을 취한다면
비에게 물어 볼 일이 아닐까
사실 다이버는 비라는 존재를 사랑한다
너에게 다가가는 그 휴식은
그래서 내가 있다는 것이다.

벗나무 벗꽃(Haiku)

엄옥란

눈속에 눈이
내린다 거리위에
엉망이다.

참새의 비행

거꾸로 거스르는 그 속
비행의 가속
속도
쿠~와!

억지로 떠오르는 그 참
진리의 소참
참으로 빠르다
눈발을 오르락 내리락
네~넹!

빵집을 걸어다니는 참새 떼
빵가루 찾아다니는 참새 들
간판에도 기둥에도 둥지를 틀고
잠깐 내려와 앉아 돌아다니는 참새

강아지 풀의 씨앗도
비둘기는 못 먹는 씨앗도

이제 참새들이 무서워 귀여워
거리에 비둘기랑 같이 먹는 먹이
체코의 드넓은 초원에 있다니!

1+0의 비밀

이제 시작 해 볼까?
컷은 지속된다.
하지만, 지속이라고 여기면 안된다.

많이 계속 그리고 또 다시 반복
한 번 두 번 아니 세 번 네 번 다섯 번 여섯 번 일곱 번
그렇게 또 찍고 찍고

왜 웃어야 될까?
자연스러워야 돼.
아니면 자캣이 아니거든,

그래 나는 왜 여기서 이 짓을 하고 있는 거야.ㅋㅋㅋ
사실 많이 찍지만, 언제까지라고는 말을 할 수 없다.

백그라운드의 변화가 있고
소품은 없다.
그러나, 내가 할 수 있는 것은 내츄럴

입고 있던 옷을 입었을 뿐
돈이 든다는 단점은 있지.
그러나, 돈과 시간과 그것은 낭비가 아니다.

나의 정성을 기울이는 시도일 뿐이다.
벌써 하고 다 찍었다.

328장 컷은 그렇게 되었다.
베스트도 나오고
스라이드 쇼에서 나오는 자연스러움

많이도 찍었네.ㅋㅋ
자 이제 기대해 볼까?
또 기다리는 시간
컷은 1이면 안 돼. 그것은 0이 되는 것이거든,
300은 돼 그것은 1일 될지 2가 될지 알 수 없거든,
수고했어. 너의 모델은 완성이 된거야.
감사 감사~ 꾸벅!

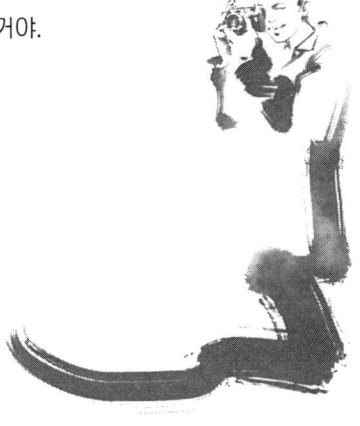

마다그래

식음을 전폐하고
목 마른 갈증으로 목울 축이고
뭔가 메마른 입

혓 바늘은 모래알이 굴러다니고
천장이 조여들며 답답함
뭔가 메마른 입

아침의 개운함이 지나가고
찾아오는 무거운 무게감
뭔가 메마른 입

가시가 안에서 맴돌고
들 뜨는 혀의 움직임
아마도 어제 저녁 지루한 알약

입이 마다그래
다시 싫고 다 싫어지는 입안

조금은 여유를 가지고
마디마다 쓴 마다그래

가리고 지우고 벗기고
옷이 나를 마다그래

허구

해가 솟구칠 때
너는 어디에 서 있었니?

왜 내가 있는 자리가
그리도 불편한지 알았더냐
그건 나도 모르게 해를 바라봤기 때문이야.

아침의 태양을
바라 보지 못 한 것은
늘 그거로 처음이였으리야

되새겨 보렴
너라는 믿음이
거짓이 되는 순간을 느껴 보렴.

개미

나도 모르게 너를 밟을까
걱정이 된다.

무슨 일을 하고 다니는지 모르겠지만
너희의 언어로 다니고 있겠지

더듬이가 좌우로 움직이고
잠시 그것을 생각해 보는 나의 모습

나는 어디로 가는 것인지

저녁이 되면 아파트 집들마다
불들이 켜지고, 어느 것 하나
같은 불빛이 없다.

새로운 것을 찾지 않아도
세상은 새로운 것들로 매일같이 만들어 지고 있다.

물 위에 배를 띄우듯
그들이 다니는 길에 눈을 따라가네

소고기 액정

눈으로 읽었는데
점점 멀어지는 시각의 허무함
세월이 지나가는 것을
알아채기도 전에 내 손에 쥐여진 사물
시간을 보내는 것이 생을 짜내는 모두였지만
나도 한 입 물어 보고 싶은 호기심
벌써 시계 바늘은 온데간데없고
뒷주머니를 주섬주섬 더듬을 때마다
삶의 고충을 이해할 나이가 되어
식기세척기의 사소한 온점

그래 그래 오늘은 내가 꼭 나서야 돼
그러나 넌 거기 앉아 각도를 틀어 봐
과거가 있는 어느 지점인데, 너는 어디쯤인가
버스가 오는 곳을 보며 기다리고
지금은 바쁘다 젊음의 아이스 아메리카노
소리 없는 냉점

포화 상태가 되지 않는 손 손 손가락
차츰씩 어두워지는 하늘의 공간에서
조금도 커피의 선택을 고치지 않는다
이제는 무뎌져 가는 문자의 텍스트

살아간다
지나간다
날아간다

여명의 무지개

시간을 깨우는 새벽
구름이 지나간 자리
어둠이 내려온 언덕

시간이 스치고
구름이 사라진
어둠의 그늘에

여명이 비쳐온다.
다시 또코!

아침을 가장 먼저 맞이하고
구름을 가장 빨리 보내버린
어둠의 그늘 마저 사라져

하나 둘 셋 넷
그라디에이션
층에 층 위에 층으로

빨려 들어가는 무지개
빨주노초파남보
물결친다

무지개의 그라디에이션
되새기는 무지개의 빛깔
여명의 시간,

두 번째 이야기

여자의 소

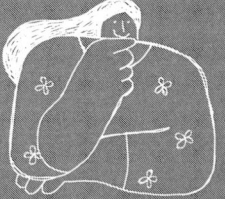

바위 위에 소나무

깍아지른 절벽
나란히 서 있는 두 그루의 소나무
바람을 버티며
둘이서 마주하고
솔잎으로 대화한다.

때로는 운무
구름 사이로 종적을 숨기면
의연한 기다림
때론 태연함으로
서로에게 힘이 된다

바위 위에
뿌리를 뻗을 자리라도 있으려나
의심해 보지만
오랫동안 그 자리를 보전하고
너무도 잘 어울리는 자태를 뽐낸다.

바위가 그렇듯
나무도 그리 하게 있었음이겠지

어찌 보면 산의 매력은

그곳에서 자라고 있는
소나무가 대신 말해주는 노래

뻗지 못하는 그 모습이
절제된 산세
어려운 바위틈의 살아있는 기운
살가운 애정을 품긴다.

시골은 그렇더라

시골에 사는 집은
지금껏 알지 못했던 화재로
거기 거기 여기 하루에 하나씩
재가 되어 버렸다

큼큼 거리는 얼굴에
놀라움도 잠시 가라앉히지 못하고
사랑하는 아버지의 얼굴도
콩나물시루에 묻혀 버린 또 하루

열두 마디의 고운 손에
동그란 주먹밥과 소금 한 줌
누구의 집인지 그들은
돌아갈 마을의 집이 없다

이제 그 걸 기억하고 사는
사람들은 떠나가고
가의도가 있는 두메산골에는
형님이 지키고 있다 하여도

논바닥 위를 지나가는
알맹이의 커다란 폭음과
메아리가 울리는 그 곳에도
서리는 어김없이 내 린 다

아버지

술 한 잔과
살갗의 폭음
고향이 그려진
노인의 손수건은
이제 공허함만으로
되어 버린 메아리
온갖 잡음으로 넘치는 술집이
스며들어 버렸다

무덤가를 누비는
나비 한만리가
지나가 버린
새벽노을도 화장터에 비추이고
꿈에 절었던
시절연애
살포시 내려앉은 나침반 위에
동북 100.5도

사시나무가 곡하는
부둣가에 앉아서
북새에 이는 바다
물끄러미 바라보네

모양이 없다.

마음의 모양이 없다.
머릿속으로 떠오르는 생각이 지금 무엇인가?

누구나에게 그림자가 있다는 것은 알지만,
그림자는 나를 비추는 빛이 있기 때문이다.

마음에 비춰주는 빛이 생길 때 즈음
우리는 그림자를 볼 뿐 모양을 보지 못 한다.

세상을 살기 바쁘다는 것을 알고 난 뒤,
그 빛도 그 그림자도 모르고 산다.
모양도 가지각색이다.

겨울바람

푸른 바다를 보러 간다.

파도가 밀려오면
나도 따라 물결친다.

낭만도 없는 계절

단단히 동여맨 옷은 든든하지만
내 얼굴 살에 부딪치는
바람은 차다

바다는 춥지도 않은가 봐

남쪽 바다의 겨울바람은 겨울에만 분다.

불면증

기다란 가지가 뻗어
시간에 구애 받지 않고
하나의 길이로 가는 것이 아니라네
구불구불 가고
똑같은 반복의 시간 없이
시간이 흘러가므로
나는 나

오늘도 내일도
시간은 지금
스토리 없는 대화
자취없는 발자국들로
발아래 알록달록 무지개
새하얀 나

아마도 시계가 고장이 났어
바늘이 떨린다
톱니바퀴 이가 빠졌나
전지가 말랐나
눈의 초점도 코의 흡점도
자기장이 메워 버렸다

벌써 새벽 4시
네 번만 생각 해 보려고 했는데
시침은 네 시에 머물러 있었다
고집으로 4년 동안 기다렸던
사년마다 네 번씩
해마는 가지치기를 했다
한 달에 한번 4시간
새벽이 길다

사람 냄새

코 아래
입술 위
번지리룻 바르고

호흡 한번에
딸려오는 더러운 냄새

사람이 먹지 않는 음식이 없다.

뭐라고 해야 하나

코 아래
입술 위
파르르룻 퍼지고

호흡 한번에
지려오는 야릇한 내음

사람보다 깨끗하지 않은 것이 없다.

뭐라고 해야 하나

사람 냄새같이 더러운 것은 없다.
좀 심한 거 아니야.

썩은 시체가
풍기는 그 냄새
너무 더러운 거 아니야

흰 개꼬리

너의 운명
나의 사랑
오로지 그것으로

행여나 고통의 진전으로

벌써 입막음이 시작되고
불편함이 즐거운 시점

조금만 이겨내더라도
기억의 수평선
그것으로 감내해

마지막 의사소통과 교신은
해커의 진상

자, 시간을 부여해
즐거움도 아니
기쁨도 아니
괴로움은 변하지 않아

묻혀서 보낸 세월이

그다지 길지 않아
땅속에 가만히
3년은 지났지만
하얀 털은
그대로 인 걸

너의 운명
나의 사랑
오로지 그것으로

언제나 굳게 지켜라

해무

해무는 퍼지고
세상을 등지네

노래가사가 싫어서
귀를 막아 버려
주둥이를 들어가
메아리 치고

사슬을 부둥켜 앉아
떨어진다

아픔이 뭔지도
그리움 앞에 사라져
이네 지고 간다

한발짝 걸으면
세상은 다가오고
멀리 가도
없어지지 않는다.

미소

푸른 하늘가에서
구름다리를 건너다

한 번도 웃지 않으리라고
그러면 너도 보일 거라고
사랑 한 번 하다보면
그 미소를 만나겠지

매일 걷는 건
날씨에 대한 사치이다

세상에 태어나
내가 사는 곳은 구름다리가 있다

어제는 몰랐던 골목길
모든 이들이 사는 그 곳

나를 들어 올려놓은
모르는 먼 길에

나의 얼굴을 읽어 볼
미소를 짓는다
미소를 짓는다

날개

오후의 온기가 사라지고
어둠이 깔리는 고저의 수평선
낯선 사람들을 맞이하는 바다의 낭만
더 이상 삶의 의미가 고달퍼

겨울이 오면 그 해 겨울은
시간이 멈춰버린 바다 아지랭이
해가 내리쬐는 여름 해변의 기억은
오히려 보상의 계절

갈매기가 날아다니는 운행
잠시 나에게 빌려주마?

그 때의 정도 그 때의 사랑도
너무나 아니 지그시
감싸줘야 할 사정도 없다

그래 이제는 고개를 넘듯이
또 한번 고비를 넘듯이
알지 못하는 미래를
넘기자

팩트는 갈매기의 날개가 부러워!

데이터 과학자

데이터 바다에의 항해로
컴퓨터와 삼매경을 펼치고

무지개 빛 논리의 감시자로
수많은 비트가 춤을 추며

언덕 너머 숨겨진 통찰의 꿈과
수많은 알고리즘을 불태운다

상상력과 수치의 미학과
수정 같은 아이디어가 빛나는 곳

데이터의 열기에 녹아든 순간
저 멀리 떠오르는 피학의 꿈

한 줄 코드가 현실을 읊는다면,
난 새로운 시대를 향한 모험자

데이터의 미로에서 이끌리며
나는 데이터의 숨결로

비둘기 사냥

비둘기 집은 어디에 있나요
찾기 힘든 비둘기집
요놈의 비둘기를 잡아서 몸 보신 해야겠네
비둘기 고기는 먹을 만 한게 있지

권총 한자루 들고
사냥을 나서네
산에 살면 산비둘기
들에 살면 집비둘기

총알이 있는지
확인하고 길을 나선다.
많이도 필요하지 않고,
먹을 만큼만 잡자

비둘기는 모유를 먹이는 동물
그러나, 날개를 가진 새이지
포유동물이면서 날아다니는 새
맛은 별로 없다

우리 집 소마굿간에는
비둘기들이 모여들고

소가 내놓은 배설물을 먹는 다네
그 게 맛있는 가봐

조금은 슬프지만
오늘은 비둘기를 잡아서
비둘기 집을 지킨다
총알이 들었나 확인하고

길을 나선다

빛

가늘게 스치는 줄기
옷자락이 무거워 져 간다
의문의 빛

더러는 찾는 사람의 어두움의 무게
가지런히 오는 무게의 흐름

기억의 장난이 그 무게를 누르고
또 다시 줄기는 스치 울고

뛰어가던 상쾌함의 기억
쉬어가던 느긋함의 추억
어느 것 하나 없는 사사로움

이제라는 푸념이 사로잡고
숨소리는 줄기의 가느다람

마지막 성장의 끝
알 수 없는 사람들로 가득차고
허공에는 빗줄기

조각의 손길

예를 들어
너와 나
존재 가치의 타성
목소리를 어디에 둘지

까치와 감
너와 나
제3자는 조각의 손길
목소리의 색깔을 만듦

빚어내는 까치의 먹이
감의 색깔은 보라색
까치의 깃털을 만들어 주는
시인의 작품

너는 사물의 대상이 되고
나는 시인의 조각이 되고
펜으로 글을 쓰는
단조로운 음색

글마다 음색이 있고
너와 나는

시인의 손길로 다듬어 진다
조각품은 스케치가 필요하고
손길에 따라 그 모양을 갖추어 가고
완성이 되면 형태가 보이지

사각의 원형
그것을 초점 맞는 순간
너와 나는
시인의 조각이 된다.

창공의 그림자

빛줄기가 가르는
창공의 그림자
한줄기의 선명함의 신비

어느 순간 마주한 풍경
하늘의 작은 도화지

세상의 그림자가 이보다 밝은 수는 없을 것이다.

언제인가 벽에 걸려 있던 그 그림
가슴은 차분히 가라앉고

구름 뒤의 광채
빛줄기를 더욱 가늘게 한다.

끝없이 내려오는 빛은 그리 길지가 않다.

발걸음은 가벼워 지고
한번쯤은 떠올려 보았을 그 화려함

오히려 그것은 아무도 모르는 숨박꼭질

편지

나를 잊고
나를 잊고 나니
나를 보게 된다.

너를 지우고
너를 지우고 나니
너를 알게 된다.

나는 사랑을 잊고
나는 너를 지우고
나는 너에 대한 기억만이 남네

우리가 모르고
모두가 모르고
아무도 모르고
남은 기억은 이제는 모른다.

쓰다가 지우고
지워버린 내용은
잊혀져 버리게 되듯이

다시 쓰게 될 편지
나와 너의 편지
편지는 그렇게 남아 있네

세 번째 이야기

노래의 부름

여름의 향기

바람 한점 없는
무더운 여름
코 끝을 스치는
그 향기

여인의 향기인가
아름다워라

어디선가 내 기억 속에
그 향기의 모습은
해변의 파라솔
상쾌한 바람

잊지 못하네 여름의 향기
잊지 못하네 해변의 여인
영원히 잊지 못하네

그녀의 향기가 찾아와
나의 사랑이 피어난다
사릇한 향기는 스며든다.

뜨거운 햇빛에

불타는 여름
코끝을 지나는
그 순간

유혹의 향기인가
아름다워라

언제인가 내 기억 속에
그대가 남긴 향기는
파라솔 아래
상쾌한 바람

잊지못하네 여름의 향기
잊지못하네 해변의 여인
영원히 잊지 못하네

그대의 향기는 남아서
해변의 사랑이 피어난다
야릇한 향기는 찾아온다

멜로디의 꿈

푸른 언덕을 넘어
늪을 지나서
강을 건너
산을 넘나드는

널 위한 나의 멜로디

가슴 터지게 하고
마음이 아리고
생각을 멈춰
세상을 다가진 듯

널 위한 나의 멜로디

눈비 내리고
비바람이 몰아치고
거센파도 밀려오고
어둠이 덮을 때

사랑의 비명이
온 세상에 퍼지고
들려오는 사랑의 멜로디

어디선가 나를 향한
목소리가 흘러나오고
목숨 바쳐 기도하며
잃어버린 꿈들을 다시 찾을 때

마지막 함성 소리에
깨어난 나의 모습
사랑은 멜로디의 꿈이어라.

민들레 영토

바람이 불어오는
봄의 들녘에
무성히 피어나는
아름다운 꽃
누가 실어왔나?

가벼운 깃털은
날고 날아서
이곳으로 왔다.

노랗게 피어나는
색동 저고리
아름히 두르고는
자랑하는 꽃
누가 알아 줄까?

불어오는 바람을
타고 날아와
이 자리에 앉았다.

민들레 영토

바람꽃

내 가슴에 피어나는
한 떨기 야생화

이름 모를 꽃이지만
너에게 보낸 사랑

하루 하루 늘어가는
꽃잎같은 손 편지

매일 매일 그려보는
편지 속에 내님~

내 귓가에 들려오는
구두 발자국 소리는

기억의 언덕에서
불어오는 바람꽃

그대를 잊지 못하고
상념에 묻혀버린
나의 그림자

떨리는 너의 메아리

사무치는 잎사귀

그 꽃잎의 눈물
사랑의 야생화

바람꽃이라 불러
너의 이름을 새겨
마음속에 뿌려보네

유랑자

달려가는 백마차를 타고
도시를 배회하는 유랑자
어디로 떠나 볼까

차창 너머로 빌딩 숲속을 헤쳐가네
복잡한 거리 위에
흘러가는 사람들 물결

잊혀진 옛 추억이
눈물을 만든다

달려라 백마차야

달려가는 백마차를 타고
도시를 방황하는 유랑자
어디서 머무를까

차창 너머로 긴 터널을 지나가네
비치는 조명 아래
떨어지는 불빛들 물결

잊었던 옛 기억이
아픔을 달랜다

달려라 백마차야
내 머무를 그 곳으로
달려라 달려라

이별의 편지

바람이 불어오는
시간 속으로
멀리 흘러가네

이별의 편지

잊지 못하고 서성이며
헤매 도는 그림자들
흘러 흘러 마르지 않는

눈물의 그림자 풋~~

시간이 흘러가네 펫! 펫! 펫!

슬픔을 잊고 싶구나
아픔을 잊고 싶구나

지나간 시간을 잊어라
다시 생각 하지 말아라

그림자들

우리의 이별의 편지 편지
세상없어도 그 실루엣이 제일 좋더라

님 그림자

밤하늘 달그림자 비칠 때
너에게 보내는 그리움의 이야기
달님처럼 동그란 너의 얼굴
아직도 눈앞에 어른거려

사랑의 님 그림자 떠올라
이별의 말 없이 떠나간 너의 모습
가고 나면 또다시 올 거라고 믿었지만
사랑의 그림자가 달님에게 전해져

이 밤의 달그림자를 보네

잊으려 할수록 잊혀지지 않는
나의 사랑의 님 그림자
저 하늘의 달님에게 보내는
나의 마음과 사랑
돌아가는 그날까지
그리워 애태우네

스나이퍼

바람속을 가르는 젊은 눈동자
어디에 초점을 맞추는가

나무 귀퉁이 주위에 풀잎들이 움직이고
그 곳을 향한 총 구멍의 가늠좌

인적이 묘연한 잎사귀들의 떨림
가슴 팍에 호흡을 가다듬고
눈동자를 겨냥한다

고요한 숲속을 울리는 총성
너의 목숨을 떨어뜨리는 총알

다시 잎사귀들이 파릇하게 떨고
조용한 적막이 찾아 왔다.

눈동자의 가늠좌는 가라앉고
시간을 기다린다.

떨리던 잎사귀의 움직임도 사라지고
코 끝을 스치는 화약냄새

적이 죽음을 맞이하였다.

스카이어

첨탑에 솟은 십자가는
영혼의 안락처

가녀린 하늘의 스카이어
그들의 평화로움

역사의 본능 소용돌이
가슴에 새겨 놓고
따듯한 잎사귀는
전쟁의 씨앗

떨어지는 빗방울에
멍울이 지고 있네

잊을 수 없는 차원
시간의 번뇌
피리의 울음
고도의 스카이어

전쟁의 시각 회오리
마음에 뿌려 놓고
따듯한 수증기는

구름의 모태

쏟아지는 빗줄기에
희망이 솟아나네

바뀌어 버린 기류
새벽의 안개
운무의 떨림
나노의 스카이어

나침반

잊으려면 잊혀질까
찾으려면 찾아질까

무슨 고민도 없이 헤메는 것은
잃어버린 무엇이 있기 때문인데,
시절 탓을 하고
계절 탓을 하며
시간만 허비하고 있다.

사랑을 잊고
꿈을 버리고
시대의 낭만을 외면했던 아픔

어떤 목적과 목표의 상실이
가져다준 길 잃은 나침반

북을 향한 꿈의 하얀 침
남을 향한 사랑의 빨간 침
흔들흔들 떨리던 바늘
제자리에 앉지 못하고
그저 나아가기만 한다.

어찌 보면 내가 어디에 서 있는지
알 수 있다는 것만으로도 다행이다.

지도가 없다 보니
기적 같은 지도가 없다 보니
장난처럼 휘저어 본다.

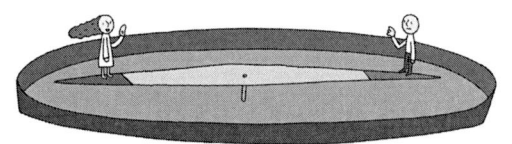

잊어버린 과거

누구 하나 시간을 묻지 않는다
기억될 시간인지
잊혀질 시간인지
누구와 함께 간직하고픈 시간이 있다는 것
그것만큼 소중한 시간이 있을까

거울 하나 내 모습 묻지 않는다
지나간 모습인지
다가올 모습인지
지금껏 내가 간직하고픈 모습이 있다는 것
그것보다 소중한 모습이 있을까

시간 속에 묻혀서
모습을 잊어버린
써 내려간 노트
시간을 건져내고
모습을 찾아내는
망각이 빚어낸 나의 어렴풋함은
다시 찾고자 하는 몸부림이 아닐까

지나가 버렸다고 흘러가 버렸다고
모두가 외면해 버리는 과거

그것을 끄집어내는 고집을 부린다
좋은 날을 만들기 위한 도태된 억지
수없이 많은 날을 살았기에
살아갈 수없이 많은 날이 있기에
똑같은 실수를 범하지 않기 위해서
나는 벗어 던져 버릴 과거를 찾는다.

나트륨

바쁜 일상 속에서
가벼운 한 숨
살아가는 고뇌에
멀어져간 뇌리

걸음마다 움직이고
발자욱의 자취들은
파도에 쓸려간다

떠나가는 인파들의
사람들 자취
잊을 수 없는 고통에
사라져간 파괴

걸음마다 넘어지고
또다시 걸어가는
우리들의 나트륨

돌아가는 시계들의
어려운 시련
쏟아지는 빗소리에
떨어지는 꿈들

갈 수 없는 나트륨
잃어버린 나트륨
멈춰버린 나트륨
쓰러지는 나트륨

내려오는 북소리에
떨려오는 인내
그들의 작은 외침
빠져버린 나트륨

칼

어둠 속에서 살아가는
정막의 절정 속에

실오라기의 빛이
스며 들 때면

가슴 한켠에서
아릿함을 맞이한다.

자신의 내면 깊숙이 뻗어 있는
가지를 쳐내기 위한
도구를 건져 낸 듯이
열정의 수단이 된 듯이

그 빛줄기의 날카로움은
내가 준비 해 온 멋진 구도인 것이다.

매일 어둠의 감정들로
지루해 하던 나날

세월이 흐르고
시간의 터널을 지나서

보름을 기다리고
열흘을 기다리고
하루를 기다리고

눈빛의 아픔이 사라질 때
서슬퍼런 냉정함
오히려 차가움보다 따듯함으로 다가온다.

한 두 번의 두려움과 망설임
사치가 아니었나

칼 끝을 바라보는
방울의 움직임
칼 앞의 실망과 공포
전과 후가 맞닥뜨리고 있었을 무렵

떠나가는 외마디
푹 묻어버린 모래가루
지나쳐간 후회의 말
이후의 선택
따듯함보다는 차가움으로 다가 온다

모든 세포 모든 액체
선의 칼

비는 내리고
불꽃의 불은 꺼졌다.

피쉬리버캐니언 (부제: 회오리)

어둠이 내려오는
멀리서 보이는
저 태양 아래
뜨거운 열기는 사막 여우의
발걸음을 드리우네

부지런히 움직이는 여행자들
나도 따라 그 발걸음을 옮긴다

협곡의 스케일은
너무나 광활한 그 속살 속에
광열한 냉기는 여행자들의
시선을 앗아가네

기이하게 움직이는 신기루는
나도 따라 그 바람을 지운다

불길의 열정도 부러워한다
사막의 회오리는 또다시 불어오고
서슬퍼런 자동차의 길이 막혀서
아무리 해도 빠져 나올 수가 없네

돌고 도는 모래바람의 아카시아 향기
열매가 맺혀 있네

이 척박한 곳에 진흙 위에
불어오는 회오리에 져버린
붉은 모래 안의 데드플라이

시간이 멈춘 듯 이어 온
천년의 그 모습
깡마른 나무는 쓸쓸히
신비로움을 더해가네

사막의 오릭스는
유유히 걸어가고
붉은 모래바다에
모래 폭풍이 불어오네

새벽 노을

바람이 불어오는 동녘에
새벽 노을이 퍼져 있구나

깊은 상념에 젖어
예쁜 노을을 바라다 본다

바람이 묻어 있는 언덕에
새벽 노을이 춤을 추구나

오랜 추억에 젖어
예쁜 노을을 바라다 본다

노을같이 아름다운 세상
참 곱기도 고와라

어느새 흔적도 없이
노을은 사라지고

놀라운 이 광경에
아침 이슬도 잠재우고

남겨진 자취만
그곳에 그 자리

도로의 점령자

바람이 불어오네
비가 내려오네
저 산 아래
사람 하나 없구나

그림자가 드리우네
어둠이 내려오네
이 산 너머
흔적 하나 없구나

해저믄 노을에 묻혀서
하늘 높이 날아서
세상을 펼쳐 보니

사람 하나 없는 곳
아무도 방해 하지 않는 곳
내 안식처가 여기 있었네

나는 이곳의 점령자

누구도 여기를 범하지 못 한다
가자 도로의 점령자

바의 숨소리

이른 아침에 바의 문을 열고
시원한 바람이 불어 올 때
멀리서 찾아 오는 말발굽 소리
아~ 시원한 바람
아~ 고독의 소리

무척이나 피곤한 기색을 한 사람
의자에 앉아서 숨소리를 가다듬고

위스키 스트레이트 한 잔을 마신다.
조용한 얼굴은 미소를 머금고,
넘어가는 위스키의 짜릿함이
가쁜 숨을 내쉬고 가라앉네

무던한 시계 바늘은 째각째각 돌아가고
허리에 찬 권총을 살짝 만지며,

위스키 언더 록 한잔 더
사방은 고요히 숨을 죽인 듯
오로지 권총 스트레이트
오로시 권총 언더 록

사라지네 사라지네 사라지네

노래의 부름

저　　자	엄시훈
등록번호	ISBN 979-11-93285-17-6
펴 낸 곳	도서출판 애플북
문　　의	010-7914-0440
1판 1쇄 발행	2024.04.29

* 본 교재에 대한 저작권은 '도서출판 애플북'에 있으며 일부 혹은 전체 내용을 무단 복사, 전제하는 것은 저작권법에 저촉됩니다.